16	3	2	13
5	10	11	8
9	6	7	12
4	15	14	1

Reynaldo Damazio

HORAS PERPLEXAS

editora 34

EDITORA 34

Editora 34 Ltda.
Rua Hungria, 592 Jardim Europa CEP 01455-000
São Paulo - SP Brasil Tel/Fax (11) 3816-6777 www.editora34.com.br

Copyright © Editora 34 Ltda., 2008
Horas perplexas © Reynaldo Damazio, 2008

Este projeto foi realizado com o apoio da Secretaria de Estado
da Cultura de São Paulo - Programa de Ação Cultural - 2007.

A FOTOCÓPIA DE QUALQUER FOLHA DESTE LIVRO É ILEGAL E CONFIGURA UMA
APROPRIAÇÃO INDEVIDA DOS DIREITOS INTELECTUAIS E PATRIMONIAIS DO AUTOR.

Imagem da capa:
Henri Michaux, Sem título, *nanquim s/ papel, 1942-44*

Capa, projeto gráfico e editoração eletrônica:
Bracher & Malta Produção Gráfica

Revisão:
Alberto Martins, Fabrício Corsaletti, Mell Brites

1ª Edição - 2008

CIP - Brasil. Catalogação-na-Fonte
(Sindicato Nacional dos Editores de Livros, RJ, Brasil)

Damazio, Reynaldo, 1963
D149h   Horas perplexas / Reynaldo Damazio
— São Paulo: Ed. 34, 2008.
80 p.   (Poesia)

ISBN 978-85-7326-415-9

1. Poesia brasileira. I. Título. II. Série.

CDD - B869.1

HORAS PERPLEXAS

para Roseli, Nícolas e Aléxis
— *canción intraducible*

> *Ore perplesse, brividi*
> *d'una vita che fugge*
> *come acqua tra le dita;*
> *inafferrati eventi,*
> *luci-ombre, commovimenti*
> *delle cose malferme della terra*
> Eugenio Montale, *Ossi di seppia*

> *Sem que palavras alguma coisa é real?*
> Manuel Antonio Pina, *O caminho de casa*

> *as perplexidades*
> *de ainda outro Lugar*
> *ou a inconcebível*
> *paz*
> *do Nada*
> José Paulo Paes, *Odes mínimas*

ALGUMA CONSCIÊNCIA

Qualquer coisa que destrua
        em mim
a certeza de que
        tudo vai dar certo
de que vamos atingir nossos objetivos
        quaisquer que sejam
mesmo os improváveis

Cobrar atitudes dos amigos
seria um passatempo divertido
mas todos estão ocupados
com publicações debates e teses

Mas serão mesmo viáveis os debates?
E para quê as teses?

PRISMA

Teu corpo adelgaça
manhãs
e tantaliza os primeiros
raios do sol
o sopro das cores que se gestavam
na madrugada
entala numa bolha
tensa e úmida
à espera de um só toque
dos teus lábios
para fertilizar a paleta
do dia

TEORIA DA COMUNICAÇÃO

prefiro chope ao chat
a blague ao blog
o tato à tecla

olho no olho, meu irmão,
eis a questão

AD NAUSEAM

Salário atrasado
pilhas de contas a pagar
entre livros de ensaio
provas de prelo e
revistas literárias
notícias lúgubres
a cada segundo
via internet
atmosfera pesada de iniqüidade
tanta merda, meu caro,
e eu leio poemas

ÁRVORE GENEALÓGICA

para Eugenia

O avô trabalhou por mais de trinta anos
no açougue

as manchas de sangue e nicotina
na ponta dos dedos
não se deixavam limpar

tinha um jeito anarquista
de levar a vida, embora
admirasse Mussolini e Vargas

pouco antes de morrer,
vencido por um tumor na garganta,
foi ao Mercado de Pinheiros
e pediu para desossar uma peça de carne

mesmo debilitado, os braços fracos,
segurou a faca com firmeza
e deu conta do recado

AMARELINHA

O tempo risca na calçada
jogos que levam do céu
ao inferno
um salto — apenas —
para transpor a fronteira
e o mundo novo
aguarda — sem pressa —
na esquina

ENTROPIA

tá foda, mano
é, tá foda
tá muito foda
é, muito
tá foda pra caralho
é, fodeu mesmo
mano, tá muito foda pra caralho
é, encaralhou de vez

PAGODE

Poeta é
    se lhe parece
poesia não
    ninguém merece
verso hoje
    verso então
o vate amealha
    seu quinhão
se no site
    ou na revista
não importa
    está à vista
quando há resenha
    que delícia
caso o esqueçam
    injustiça
poeta boa praça
    rei da preguiça
toma cachaça
    arrota lingüiça

WINDOWS

Agarrado à grade
da janela o
menino aponta
sua arma e
dispara no infinito
bala que fere
a estropiada
consciência do
escriba
a buscar remendos
na solidão da
estrada

MATEMÁTICA DISCRETA

Criar o personagem
vesti-lo, divertir-se,
ele pode ser o *outro*
(um clone clínico, diria o analista)
habitante de alguma realidade paralela
logo aqui
nutri-lo de fantasias, melhor,
taras
até torná-lo interessante
depois matá-lo
exercício aritmético simples
antes que subjugue a consciência
do autor
tão nebulosa quanto este
sonho ou sua
sombra

EPIFANIA

A palavra fenece
é uma delícia

fogo sibilante
lacuna
na finitude aberta
do ser
em seu *estar aí*

malícia de vocábulo
em transe
(ou intransitivo)
pêndulo sem prumo
oscilando na retórica
da existência
sem ênfase
ou
frenesi
somente enfaro

(tímidas as
meninas brindam
com Coca-Cola
a primeira vez)

OPACIDADE

olhos-cogumelo explodem
na tarde opaca sem trânsito

absorvem conceitos
e inventam o olhar-carícia

vazio de palavras

onde só o relevo da pele

ALMANAQUE

O azedo no fundo
da garganta sinaliza
que é quarta-feira
a semana avança
e não há promessa
de que chegue a
lugar algum
nem que todo o trabalho
por realizar
justifique o passar
dos dias
esta intemperança

UM DIA A CASA CALA

Paredes não emudecem à toa
custa escavar meticulosamente
dejetos e desejos sedimentados

como desabitar a matéria
e evocar um tempo anônimo
sem fragmentos que aderem
como musgo e cobram preço
inestimável?

Paredes não se precipitam
uma vez que calam paixões
em sua aspereza de mata-borrão
não basta borrifá-las com
sangue e porra
o silêncio engole o frêmito
do assassino e do amante
convertidos em marionetes

também a prece não abala a mudez
das paredes
em sua altiva perplexidade

invólucro absurdo que nos
conforma e conforta
sob linhas precisas
insidiosas

CONVERSA COM PEDRO

Pode ser que os fantasmas
inventados sirvam para
entreter a razão
ou não passem de metafísica
a explicar nossos jogos de azar
que justifiquem o gesto mortal
a palavra encharcada de ódio
a fuga do desnudamento
que nos revele sós no inferno
da multidão

em tais fantasmas hipotéticos
testamos nossa identidade movente
mas é estranho negar
o vulto no espelho que ao
distorcer o que queríamos ser
de fato nos desvele
aquela imagem que simulamos
projetar na certeza do
dia apolíneo
(fantasmagórica)

TINTA DA MELANCOLIA

Se acaso as folhas
            caem
e o frio torce o rumo
              das tardes
se a força que nos irmana
cessa em
        conluio
com as vozes do recorrente
                pesadelo
toma este cálice, mão em
concha, e sorve o
sumo do meu desespero,
          um sorriso para
elidir a memória
                a náusea
e o estampido

JUSTIÇA

Ter o direito de
calar-se
ou melhor
de negar à História
seu autoflagelamento
Ter o direito de
mentir
e fazer dos fatos
topoi
Ter o direito de
falsear o gesto
e a palavra
— de negar-se

ERA BRILUZ

para Amanda

Sobre ondas
febris
sobrevoa o
dedo
da menina
e desfaz
as fibras
do medo
o relógio
vira realejo
a corça
disfarça
o ritmo
do rio
se apruma
a estrela
estrila
o vento
inventa
um vaso
no tufão
o riso
da menina

vem
num corcel
e espalha
faíscas
nas páginas
brancas
de susto

ARTE POÉTICA

a poesia toda cabe
nesta ostra
no óvulo estéril
novelo sem nódulo
no vocábulo aleatório
crisântemo intemporal

poesia decepada de poéticas
novela sem trama
personagens ambíguos
cujo autor se inventa
ora ostra, ora vocábulo

(sonho aleatório de craca)

FÁBULA PÓS-MODERNA

O sapo ronda a princesa
e não é um príncipe disfarçado
ou a consciência de beleza
deformada pela razão prática.
Mas a princesa também não
possui reino, os recursos minguam,
a fábula se rompeu e a
máquina do mundo capenga.

Indiferente a apelos literários
e argumentos filosóficos, o sapo
quer devorar a princesa,
seu corpo beatífico, sua ternura
de virgem (como se a virgindade
fora crível) diante do algoz:
um tema entre tantos
para exegetas impotentes.

Teorias sobre a pureza diáfana
da princesa foram descartadas,
restaram apenas os contornos
da *physis*, dureza de seios,

consistência de glúteos, textura
de abdômen, volúpia de pele,
tensão de bíceps, espaldas longilíneas.

A princesa sabe o desejo feroz
que provoca e finge distrair-se
com miçangas coloridas,
constelação menor no cosmo
da pélvis, sulcando estrias,
veio aberto em plano volátil.
Não servirá de metáfora,
tampouco será assunto de
parábolas. Apenas entrega-se.

O sapo devora a princesa
com delicada crueldade,
em claro-escuro, explorando
a sutileza das formas.
Fantasmas acorrem e dançam
enquanto ele a fode com gana.
Foda longa, frenética, atávica.
A princesa antevê o nada e
goza copiosamente. Pântano
fértil de estrelas e esperma.

UNREALITY SHOW

escutou o ruído da morte. não era
incômodo ou persuasivo. um canto
mudo, se possível. estridência
silenciosa, se tanto. queria reter do
ruído seu contorno preciso,
exatidão de certa ausência pressentida.
mas o corpo inerte da avó e
a dor delicada que perfurava suas
vísceras roubaram a atenção.
ficou o sopro das janelas, o odor de flores.
tudo muito real.

QUISTO

Encaro a besta
como quem franze a testa
*milagre da luz no espelho d'água
da página*
ponto de fuga do olho cansado
a besta emerge e vocifera
PENSAR
couraças de pó
permanecem na lombada obscura
rabiscos emaranham morfemas
balões de ensaio flutuam às cegas
constelando luminárias
tento esganar a besta
e nasce morto o movimento
braço-pêndulo no reflexo da tarde
imutável entre calêndulas
(ou será lenda ignóbil
o braço já sem reflexos
anteposto à ação?)
escarro a letra e
purgo a besta em seu
malévolo e vítreo incesto

como quem obsoleto
como se obsoletra
enigma de ar

URBANIDADE

Estas ruas não me dizem
nada, sua afetada urbanidade,
ou mesmo a sofrida deserção;
não há caminhos que me
cruzem ou que conformem
uma sintaxe para discursos
de boa ação, do compromisso
com a miséria das intenções,
ou com o oco dos atos políticos;

sinto uma triste indiferença ao
labirinto estético, pretensamente
estético, das ruas, porque não
reflete outra coisa senão o
desprezo por qualquer sinal de
vida, de festa, do trânsito gratuito
de interesses, do exercício de
uma improvisada cidadania;

ruas mortas para toda estripulia,
inúteis para sensações, sujas de
metais pesados, de consciência
doente e arredias ao mistério de

transeuntes sem meta, do comércio
sem público-alvo, da prostituta
que cantarola um tango argentino;

o corpo que se dissolve na esquina,
a pele que se ressente do asfalto, a
voz que se cala diante do
alto-falante: detalhes que as ruas
engolem e não metabolizam,
porque estão planas e bem
alinhadas com as lixeiras coloridas
de reciclagem — sua maior ambição
é reciclar, *voilà*, o espírito do
andarilho que se entrega a pauladas
e queimaduras, em purificadora
imolação: — Por nós!, alguém dirá.

ANTIMATÉRIA II

Arma não é brinquedo
Crianças não são soldados
Páginas não têm glândulas
Poema está fora de moda

Palavras nunca sangram
Sangue pode ser veneno
Saliva é bom remédio
Palavras dão bons brinquedos

Crianças têm gulas
Soldados brincam de matar
Página em branco é moda
Poetas envenenam-se

MEMÓRIA DA DECOMPOSIÇÃO

A noite não deixa marcas em meu sonho;
os passos se perdem na calçada
e nada pode ser mais preciso,
mais tortuoso,
que o esquecimento do desejo,
o fim da fagulha entrevista no olhar
que me procurava
(ao menos assim o imaginei)
em dias de vento frio,
em noites de sede e tédio,
quando a violência das ruas
gritava nos telejornais e fingíamos
que havia um mundo quase perfeito,
circunscrito entre bares, cinemas,
cafés, móveis baratos de um apartamento
alugado a preço de banana,
no centro velho de uma metrópole
que já não existe.

DA PRECARIEDADE
DO DISCURSO POÉTICO

Milagre intransponível
do verso, seu espaço,
torneio de sílabas,
insolentes lábios,
vulva sob saia e renda,
falso enigma se deteriora,
o lapso da lente ilude
a retina arredia,
sinal de tempo perdido,
do apocalipse, esta delicada
ruga entre runas,
citações, folhagens,
um código para imprecisões,
para detritos de anseios
intraduzíveis em verso,
milagre ou traço

CONVERSA COM ANDERSON

É hora da faxina, irmão,
jogar fora certa esperança
de que podemos melhorar as coisas,
ou pior, de que nos tornemos melhores.
Esquecer aquela linda menina,
perdida entre tantos príncipes desencantados;
o sonho não vale nada,
quem liga se jogarmos tudo pelo ralo?
E que diferença faz se mentirmos?
Não adianta entoar mantras, ouvir Miles Davis,
ou estudar opções de investimentos;
a ressaca vem antes do porre,
e nenhuma lógica explicará a mais tola
de nossas dúvidas;
faltará um cálculo discreto, ou sutil,
para equacionar nossas manias.
Ninguém veio avisar que o tempo
não conta, que o balanço não fecha,
e que o sentimento de impotência será
a grande conquista, ao menos por hoje.
Apesar da noite ardente, das palavras
fluindo como bolhas de sabão
nas malhas do córtex.

POR UM FIO

Casa descarnada
nas paredes furos se
apagam
como refletores no estádio
ao final do jogo
na mente a loucura ecoa
por um fio
de cabelo ou de luz
que pende do teto
outras tintas
cobrirão o vazio
novas vozes
ocuparão o assoalho
nenhum contorno
suprirá a lacuna
esta dama demente
que rodopia na sala

BOM SELVAGEM

Uma causa
um sentimento
matam-se pela raiz
arrancando-lhes as veias
que atam ao chão
ao mínimo senso
longamente estudado
na superfície tênue
das coisas
esquivar a lembrança
do carinho materno
o carão tantas vezes
exposto como a
laceração do discurso
dor maior que a da unha
extirpada a pedra
laços de amizade rompidos
como poeira na sacola
do tempo
animal de estimação
morto a enxadadas
fruto que apodrece
na caixa de sapatos

certo tesouro preservado
entre homens-morcego e
corsários
só a memória nos trai
porque somos falíveis
isto é
predadores do sentimento
que nos absolve

MECÂNICA QUÂNTICA

Todo erro
encena o acerto,
tentativa de inverter
a verdade ou
dobrá-la,
metades assimétricas
de um mesmo
princípio, opostos
geométricos de
idêntico risco,
fiasco ensaiado,
iludida fidelidade
ao elemento
inapreensível
que se desdobra
e dança uma outra
dança que não é
sua

MITOS

Faz de conta que ergui
três pirâmides em terreno árido, mortiço,
instei guerreiros a conquistar impérios no porvir

combati serpentes e dragões de igual matéria

minha rainha do caos e da perdição dos sentidos,
deusa de mitologia chinfrim,
toma minha cabeça enferma, porão de aberrações
urdidas com extremada lucidez
e tece o *souvenir*

DIGITAIS

Dedos que dedilham as instâncias do corpo
não são os que teclam a mensagem
que por sua vez enrodilham caracóis
na água mansa do poço
tampouco os que colhem a falsa dádiva
enquanto manipulam o tempo
nos grãos de areia;
dedos sem calos, lisos de evitar o mundo
como se tivessem consciência
de que todo conhecimento é ausência;
dedos inúteis para decretos
porém ágeis em pornografia
extensões de máquina caduca
inventam sortilégios e povoam
o cenário com objetos
tão improváveis quanto o tato
à deriva
nas vãs instâncias do corpo:
a mensagem

FLUXOGRAMA

Tudo é fluido nesta manhã.
Parece inútil torcer os fatos
a favor do desejo movediço.
Palavras na armadilha da saudação
ecoam erotizadas, doce pesadelo
de bocas femininas.
Nenhuma relação óbvia entre a
alta na Bolsa de Valores e
a cólica intestinal. O cheiro,
porém, é suspeito.
Idéias fluem como vespas
furibundas. Aguilhoam o corpo
enfermo em país sitiado.
A fome agora é slogan.
Tiranos se tornam maltrapilhos.
Deusas se prostituem, ainda lindas.
E a velha fome de infinito?
No lixo da história?
Quem dá mais?

TEODICÉIA

Impossível medir
o que mói por dentro
desconstrói o ínfimo
e principia o ciclo
da história ao revés

deriva de átomos
em busca da triste figura
permuta de falas
nos arredores do silêncio
o verbo gangrena

mar de náuseas
inunda o deserto da
noite, hidrópica,
não há Deus ou teorema
que aplaquem o vácuo
no estômago

medéias ensandecidas
encenam o dueto
sussurros de Debussy
no porão

ninguém ouve, ninguém vê
a vida não é festa
nem fissura

(só estranha façanha)

HABITAR

O movimento de cada
habitante pelos cômodos
da casa — fricção da pele
nos móveis — hálito nos
quadros — passos na escada
imaginária — pensamentos
acionados no interruptor
de luz — como se o desejo
estrangulasse a menor rotina
— afoiteza de servir o café —
espera do amigo que morreu
e lençóis esvoaçantes por conta
da falsidade que nos salve
do mal-estar da civilização
— onde foi parar a bota com
o cadarço esgarçado? onde
os passos macios que ela tão
bem traduzia? que versão
é possível para os passos
que se perderam nos corredores
assimétricos, de piso trincado,
cujo eco se espraia para além
das janelas? desabitada de alma

e sorrisos a casa se curva ao
peso da memória como se o
corpo que o menino (agora crescido)
traz no bolso latejasse e
pudesse, a qualquer instante,
explodir

READY-MADE

Não tinha nada
corpo não era carne
pústula não era dor
mente não era fábula
roto não era mortalha

não é nada, não
já passou

FINITUDE

Num dia de inverno
sol incerto
acaba o tempo histórico
trama exaurida
arquiva-se o projeto
por inadequação
afinal a realidade
não pertence ao sujeito
e o intelecto é fóssil
em plano abstrato
no lugar de idéias
palpites, truques, rupturas
a história real
diria o cientista zeloso
não tem fundamento
ontológico

SILÊNCIO NA BIBLIOCASA

em memória de Haroldo de Campos

Livros ocupam a casa
Cupins copistas traçam
Silhuetas de Heitor e Andrômaca
Entre nênias e ninfas

Rumores iridescentes e
Cores polifônicas ruminam
Nas paredes a partitura
Da opereta joyceana

O som que emana
Da letra negra é
Branco como o nada
Que labora o signo

Babel desaba sob bombas
Bárbaras enquanto alhures
O lúmpen clama por
Deuses e verdades eternas

Poetas esperneiam por
Um grão da voz
Incapazes de reerguer
O paraíso desconstruído

Indiferente a teses e antíteses
Lady Bi vaga de viés
Sua felinidade geométrica
No torvelinho de ptyx

Rasurada a sombra do titã
A nau insana soçobra
Outra máquina se insinua
A sereia sorri

ANTIAUTOPSICOGRAFIA

Basta transpor o limiar
entreaberto pelo medo, este
parceiro sombrio, e abandonar
as lembranças incômodas,
especialmente a traição do ideal
de que o engajamento era necessário
e as mudanças factíveis
ou o projeto da obra definitiva
peças de teatro por encenar
roteiros para uma realidade que se
esvaiu na rotina
a vontade de roubar a bailarina
dos braços do coreógrafo
disputas quixotescas que o tempo
macera, embota, falseia

PONTO CEGO

Um ponto e
se move
o contorno irregular
a superfície rugosa
desafiam razão e psique
mínimo ponto
quase implausível
vago de semântica
e aritmética
oblíquo em sua
fatuidade
síntese coreográfica
do corpo varado
na rua

ponto que não
interroga
mas sustenta no
ar a exclamação

vário como as
certezas do intelecto
uma farsa

um bólido
ponto obscuro
nos protocolos
do cotidiano
desgraça de Eros
arremedo de
buraco negro
no olhar da amante
bêbada
nó de vulcão
sufocado na ferida
do mendigo

esse ponto
encena desigualdades
exala maledicências
e faz da semiótica
uma doença maligna
pois o mover-se
sua indecente mobilidade
a orgia furiosa
de contornos que se
dissimulam
induz ao equívoco
da mão que espreme
língua que roça
palavra que contempla
o vão

um ponto de referência
para enfim guiar
a sôfrega penetração

PACTOS

Neste exato momento ser como
o verme, escavar a terra por restos,
deixar a ruína como rastro,
orar pela compensação dos males,
expiar a culpa dos incautos,
remoer a pedra do ressentimento
até ficar um caligrama de linhas tortuosas,
silencioso como o ódio,
edifício sem alma e mobília
abandonado pela fé do passante,
corrompido pela ganância dos pequenos capitalistas,
sedentos de fácil fortuna, nas entrelinhas
sórdidas cujo preço se negocia
em altares de comércio e o perdão
se compra na próxima quadra
em papelotes, nada que se compare
ao prazer do verme, deglutindo
a podridão, mestre de toda baixeza
e vilania

CASCA

Apenas uma casca, quer se exponha
ao exame público, ao espetáculo da
nomeação (um tênue invólucro que
se articula em artimanhas), alheia
a controvérsias, rarefeita de quase
verdades, não fora sua condição de
metáfora, seu fascínio por tudo que
lhe é externo, quer se imponha metas
e limites; uma casca que se preencha
com improbidades, com desejos
torpes e necessidades fabricadas
como um caso de vida ou morte, se
morrer fosse óbvio, ou viver uma
frivolidade, ainda que em seu âmago
de casca, no extremo da concretude,
lá onde os sentimentos se excluem,
simulação de gestos plausíveis, as
palavras sejam convincentes e a voz
adquira uma propriedade nauseante;
em seu modo de corpo a casca se
dissimula, não porque se renove, ou
se remova, ou ainda revele um segredo
sem muita importância para curiosos,

mas por uma vontade ínfima de
potência, uma ânsia de presença, quer
se formule lenta e pensante, talvez um
embrião, quer inocule uma pendência,
como um vício que se expande por
falta de melhor alento
— ou argumento?

THE BLIND MEN

> *I sit and look out all the sorrows of the world...*
> Walt Whitman

Estamos cegos
as imagens são excessivas
o entendimento ambíguo
retinas não suportam o bombardeio
e implodem sob
delírio pirotécnico
de íncubos sapateando nos neurônios
a mente engendra mitos
o medo irmana, insano
cada um é muitos
e todos são ninguém
a fé não pode ser contra a vida
mas a fé não tem sentido
nada diz a corpos destroçados
a razão ao pó retorna
estamos cegos
mergulhados na cegueira
até o limite do ódio
cegos por convicção

DISTÚRBIO PERIFÉRICO

Tonto, não porque o planeta
se mova em órbita improvável,
a mente plane liberta
da física do corpo, os objetos
saltem frenéticos e inaugurem
nova e paradoxal inércia;
tonto de náusea labiríntica, esquiva
de argumentos, aflita de
incompletudes, movimento interno
de suspensão do tempo,
presente instável, parêntese
ziguezagueante, ávido de concretude,
embora órfão de referências, à guisa
de ancoradouros; tontura
antimelancólica por excelência,
projeção de lapsos mentais,
zunindo carrosséis, caracóis,
livros, sinais, lombadas, vozes
sem palavras, música sem instrumentos,
texturas e cheiros, cambaleando, na
calma aparente da noite, ressonar
do pequeno ao lado: o quarto
se move, ou sou eu que me movo,
extático?

DESMESURADO HUMANO

A fúria que amiúde
me fascina
não é a do intelecto
fescenina
mas a do corpo
antieuclidiana
feminina

aquela que arrebata
salto cego
e faz da presa
amuleto
gesta do gozo obsceno
extrai do tato
seu sustento

vivo fruto sem polpa
flor transversa
tesa trama de amianto
feita de pele
matéria lassa
que contra si revele
o espanto

a fúria do corpo
não é mental
antes um soco
aos poucos instalado
no incerto do gesto
oca caverna
desabrigo do mito

enfurecido o vasto
mundo não é nada
senão a pálida
e pífia ilustração de
um ideograma
verso de pé quebrado
osso sem tutano

o nó da fúria
não se desata
com palavras ou
teorias da falibilidade
ele nos ata ao
mais íntimo
e inumano

ÂNGELUS

Anjos não voam mais
asas emperradas, vagueiam
da sarjeta ao manicômio
esgrimam com fantasmas de neon
armados de letras góticas
pressentidos no coração aflito
de crianças sem religião
abrigam-se da chuva negra
sob viadutos
nos classificados da edição dominical
nas caixas de papelão do shopping center
na última fila do cinema pornô
corpos de anjos alimentam
ratos nos esgotos
restos de anjos estão à venda
na feira de antiguidades
muitos usam prostitutas
entediados com a corrupção
de menores

mas há os que lêem Dante
com desdém
os que indagam do futuro

no fundo da xícara
que do aparador mantém
o equilíbrio do universo
há os que negam sua humanidade
e se tornam personagens
de romances herméticos
anjos tortos foram extintos
não há pistas de anjos guerreiros
senão nos quadrinhos como
paródia de espartanos sensíveis
anjos com aspecto infantil
ganharam patente na indústria de massa
somente um anjo, o mais belo,
sorri em farrapos no banco da praça
de tanta tolice

COÁGULO

Mesmo que as margens do discurso se percam
entre nevoeiros de publicidade e palanques de ocasião
uma palavra sempre se desgarra e cobra sua presença

no escuro da quebrada, na blasfêmia do fodido,
no chamado da mãe que se desespera, na saudação
do maluco que sabe de alguma beleza secreta

essa palavra vai se tornando um coágulo e segue
indiferente a poderes, vaidades, moedas, o caminho
da contaminação, alucinando o trabalho dos dias

AGRADECIMENTOS

Pelo diálogo inteligente e estimulante: Adolfo Montejo Navas, Alberto Martins, Anderson dos Santos Silva, Andréa Catropa, Astier Basílio, Carlos Felipe Moisés, Carlos Moraes, Donizete Galvão, Donny Correia, Eduardo Sterzi, Fabio Weintraub, Fabrício Corsaletti, Franklin Valverde, Frederico Barbosa, Graziela Costa Pinto, Heitor Ferraz, Kleber Mantovani, Leonor Amarante, Luiz Roberto Guedes, Manuel da Costa Pinto, Mario Rui Feliciani, Marta Pagotto, Paulo Ferraz, Plínio Martins Filho, Regina Kashihara, Ricardo Botelho, Ruy Proença, Sérgio Alcides, Tarso de Melo, Veronica Stigger, Walter Louzán.

SOBRE O AUTOR

Reynaldo Damazio nasceu em São Paulo, em 29 de agosto de 1963. Morou em João Pessoa, PB, dos sete aos quatorze anos de idade. Bacharelou-se e licenciou-se em Ciências Sociais pela USP e fez curso de especialização em publicidade na ESPM. Atualmente faz mestrado sobre a obra de Lima Barreto. Autor dos livros *O que é criança* (Brasiliense, 1988), *Poesia, linguagem* (Memorial da América Latina, 1998), *Nu entre nuvens* (Ciência do Acidente, 2001) e organizador de *Drummond revisitado* (Unimarco, 2002), entre outros. Criou com o designer gráfico Ricardo Botelho o site *weblivros*, em 1998, e o fanzine literário *ZineQuaNon*; e integra o conselho editorial do tablóide *K — Jornal de Crítica*, lançado em 2006. Trabalha como editor, jornalista, tradutor e coordena oficinas de crítica literária.

ÍNDICE

Alguma consciência 11
Prisma 12
Teoria da comunicação 13
Ad nauseam 14
Árvore genealógica 15
Amarelinha 16
Entropia 17
Pagode 18
Windows 19
Matemática discreta 20
Epifania 21
Opacidade 22
Almanaque 23
Um dia a casa cala 24
Conversa com Pedro 26
Tinta da melancolia 27
Justiça 28
Era briluz 29
Arte poética 31
Fábula pós-moderna 32
Unreality show 34
Quisto 35
Urbanidade 37
Antimatéria II 39
Memória da decomposição 40
Da precariedade do discurso poético 41
Conversa com Anderson 42
Por um fio 43
Bom selvagem 44

Mecânica quântica	46
Mitos	47
Digitais	48
Fluxograma	49
Teodicéia	50
Habitar	52
Ready-made	54
Finitude	55
Silêncio na bibliocasa	56
Antiautopsicografia	58
Ponto cego	59
Pactos	62
Casca	63
The blind men	65
Distúrbio periférico	66
Desmesurado humano	67
Ângelus	69
Coágulo	71
Agradecimentos	73
Sobre o autor	75

Este livro foi composto em Sabon, pela
Bracher & Malta, com CTP da Forma
Certa e impressão da Bartira Gráfica e
Editora em papel Pólen Bold 90 g/m² da
Cia. Suzano de Papel e Celulose para a
Editora 34, em novembro de 2008.